CATALOGUE

DES

GENTILSHOMMES

D'ARMAGNAC ET DE QUERCY

QUI ONT PRIS PART OU ENVOYÉ LEUR PROCURATION AUX ASSEMBLÉES DE LA NOBLESSE
POUR L'ÉLECTION DES DÉPUTÉS AUX ÉTATS GÉNÉRAUX DE 1789

Publié d'après les procès-verbaux officiels

PAR MM.

LOUIS DE LA ROQUE ET ÉDOUARD DE BARTHÉLEMY

PARIS

E. DENTU, LIBRAIRE | AUG. AUBRY, LIBRAIRE
AU PALAIS-ROYAL | 16, RUE DAUPHINE

1862

Tous droits réservés.

AVERTISSEMENT

L'Armagnac et le Quercy ne formaient pas deux provinces, mais seulement deux Sénéchaussées, administrées séparément au moment de la convocation des Assemblées de la Noblesse en 1789. Elles étaient limitrophes et situées entre l'Auvergne, la Guienne, la Gascogne et le Languedoc ; elles ont formé à peu près les trois départements du Lot, du Gers et du Tarn-et-Garonne.

Le Quercy fut réuni au Comté de Toulouse en 960, et passa dans le domaine de la Couronne avec cette province en 1270.

Le Comté d'Armagnac fut définitivement réuni à la Couronne par suite de l'avénement d'Henri IV, en 1589 (1).

Malgré le soin que nous avons pris pour établir la véritable orthographe des noms, en consultant les documents les plus authentiques, et en soumettant le manuscrit des archives de l'Empire au contrôle des hommes les plus familiarisés avec l'histoire des familles de ces pays, nous ne pensons pas avoir entièrement échappé aux erreurs

(1) Le Comté d'Armagnac avait pour armes : D'argent au lion de gueule, à la queue fourchue.

qui s'expliquent par la négligence avec laquelle les noms de famille et de seigneuries étaient écrits ou signés jusqu'à cette époque. Lorsqu'il y a doute, nous signalons entre parenthèses l'orthographe moderne et définitivement adoptée.

Quant aux titres, nous n'avons mentionné dans ce Catalogue, comme dans les précédents, que ceux qui sont portés sur les procès-verbaux officiels, à l'appel nominal, ou à la signature des membres présents.

Paris, 25 mars 1862.

CATALOGUE

DES

GENTILSHOMMES D'ARMAGNAC

ET DE QUERCY

ARMAGNAC

SÉNÉCHAUSSÉE DE LECTOURE

Procès-verbal de l'Assemblée générale des trois ordres de la sénéchaussée de Lectoure (*).

16 mars 1789.

(Archio. imp. B. III, 9. p. 269-280, 481-483.)

NOBLESSE.

Jean-Paul, marquis d'Angosse, maréchal des camps et armées du roi, était grand-sénéchal et gouverneur d'Armagnac.

De Fondeville.
Mme de Saussignac.
De Medrano.
Le marquis de Medrano.
Mme Dumène.
Le comte de Thermes.
D'Armau de Pouydraguin.

De Gestas.
La Grange Tuès.
Du Bernat de la Grange, père.
De Catellan.
De Catellan de Caumont.
De Salles.
De Fajolle.

(*) Nous croyons devoir faire observer qu'un certain nombre de familles nobles ont pu ne pas figurer dans les assemblées de la Noblesse pour cause d'absence, de maladie ou d'abstention.

On trouvera la description des armoiries des familles ci-après mentionnées, et quelques détails intéressants sur un grand nombre d'entre elles, dans la publication de M.¹ le vicomte de Bastard d'Estang. *La Noblesse d'Armagnac* en 1789. — Paris. in-8°. 1862.

Lasserre d'Aumont.
Cassan Glatens.
Du Claux.
Ducassé Lassalle.
De Beaufort.
De Trinqualie.
De Trinqualie Juzan.
De Faudoas.
De Benquet.
De Faudoas.
Du Lin du Taret.
De Marquet.
De Noel.
De Lasserre.
Davach de Beauregard.
De Luppé (marquis).
De Bonnefond.
De Sariac (le comte).
Gillet de Lacaze.
De Montigny (le baron).
Gillet de la Caze.
De Condé.
Guittard de Baraignes de Gardouch.
De Cours Monlezun.
Labbay, comte de Viella.
D'Aubine.
Guy Dufaur.
Merle.
De Bastard.
D'Aux.
De Galard de Lisle.
Dame Secondat de Raymond.
De Lort.
Redon de las Fosses.
Secondat, B^ne de Montesquieu.
De Lengros (le baron).
Pujo de Labatut.
De Pascal.
De Polignac.
De Lalo
De Sers.
De Mauvoisin (le baron).
De Polignac.
De Bastard d'Estang (le comte).
De Cambolas.
Dumas.
De Grossolles (le vicomte).
De Lascaban.
De Carboneau.

De Magnas.
De Pouy.
Du Bouzet (le comte).
Le duc d'Esclignac.
Bernié.
D'Aux (le comte).
De Marin.
De Flamarens.
Maynard.
Maynard.
Laporte.
Le marquis d'Arcamont.
Le comte d'Arcamont.
De Barreau (le baron).
Le chevalier de Barreau.
De Pontic (Pontis).
De Saussignac.
De Castelbajac.
De Barbotan.
De Bourrouillan.
De Brondeau (comte d'Urtières).
De Saint-Géry.
Le comte du Saumont.
De Narbonne.
D'Auxion.
De Lavardac.
Caillon.
De Barbazan (le marquis).
De Brunet.
De Bonfontan de Barbazan.
De Batz.
De Saint-Julien de Cahusac.
De Laroche.
De Roquefort.
De Latuque de Lespinasse.
De Bazon, père.
De Bazon, fils.
De Prialé.
De Podenas.
De Broca.
De Bonnot.
De Las.
L'abbé de Grossolles de St-Martin.
De Sallenave.
Tauzia de Mondegoulard.
De Castaing.
De Polastron Lahillère.
De Fabry.
De Thèze.
Le comte d'Esparbès.

De Gironde.
Carchet de Marsan.
De Bourdeau.
De Carrery.
De Castaigné.
De Fezensac.
De Bazillac.
La comtesse de Bonnot.
Le comte du Barry.
Mme de Gensac.
Lartigue Merenvielle.
De Rabaudy.
Dagieux de Jean.
De Luppé.
De Pantaléon.
De Béon.
De la Roche-Lambert de la Grau-
  let.
De Léaumont.
Tursan d'Espagnet.
D'Aliès de Valentin.
De Serignac (le comte),
Ferragut de Batz.
De Marignan.
De Lafargue.
Dagos (le baron d'Agos);
Dame de Luppé, son épouse.
De Saint-Léonard.
Le chevalier du Bouzet.
D'Authesan (de Thezan).
De Galard Terraube, fils.
De Galard, père.
De Vic.
De Polastron.
Guerre de Grisonne.

De Saint-Julien (le baron).
Le baron de Moncault.
De Saint-Julien de Vacquier.
De Corneillan.
De Monclera.
De Saint-Julien.
De Fumel.
De Lort.
De Balzac.
De Laclaverie.
Le marquis de Franclieu.
D'Albis de Belbèze.
Des Innocents.
Persin Lavallette.
Le baron de Baulens.
De Sevin.
Le comte de Sarlaboux.
Le comte de Mun.
De Sabarros.
De Saint-Gilles de Grave.
L'abbé de Saint-Gilles.
De Maigné.
De Maigné de Sombrun.
Le vicomte de Franclieu.
D^lles Pasquier de Franclieu.
Le baron de Franclieu.
De Perron.
Vergès de La Salle.
De Cantan de Fournex.
De Coussol.
Garros de Marenque.
De Lartigue.
De Baraignes de Pradas.
De Montbet.

QUERCY

SÉNÉCHAUSSÉES DE CAHORS, MONTAUBAN, GOURDON, LAUZERTE, FIGEAC ET MARTEL.

*Procès-verbal de l'Assemblée générale des trois ordres
tenue à Cahors.*

16 mars 1789.

(Archiv. imp. B. III, 127. p. 319-351.)

NOBLESSE.

Le marquis Adhémar de Lostanges, grand-sénéchal et gouverneur de Quercy, était président de l'Assemblée des trois ordres.

Le duc de Gontaud.
De Lostanges, Sgr de Béduer.
De Labroue de Saint-Sernin.
Lesseps, Sgr du Colombier.
Le marquis de Gontaud.
De Nucé, Sgr de la Mothe.
Le comte de Turenne, marquis d'Aynac.
D'Aroux, Sgr de la Serre.
De Beaumont de Falsegaure.
De Chataigner, veuve de Laborie.
De Labroue, conseiller au parlement.
De Lacoste de Lisle, habitant de Moissac.
La comtesse de Bioule, veuve d'Aliès.
Le comte de Malon, Sgr de Gaillac.
De Reve, Sgr de Reve.
De Bodosquier, Sgr de Molières.
D'Ablan de Labouysse.

De la Faverie, Sgr de Blauzac.
De Gironde, Sgr de Montclera.
Le comte de Cugnac.
Ribeaucourt, épouse de Polastron.
De Bourron, Sgr de Boyé.
De Toulon, veuve du Bousquet de Farges.
Des Cars, veuve du comte d'Uzech.
Le baron de Vassal de Saint-Gily.
Le comte de Valence.
Le marquis de Valence de Puygaillard.
De Maranzac, veuve de Pignol.
De Crussol de Saint-Sulpice.
De Nucé de Lissac, Sgr de Rignac.
Le baron de Blanac.
De Labondie, père.
De Labondie, fils.
Le marquis de Corn d'Anglars.
Le comte de Plas de Tanes.
De Chaylard, Sgr du Bartas.
De Lagarde, Sgr de Bonnecoste.
De Baudus, Sgr de Montfermier.
Du Pouget, Sgr de Mareuil.
D'Arche, Sgr du Roch des Rouges.
Le comte de Beaumont, marquis de Saint-Géry.
De Cugnac, veuve Rodorel de Conduché.
De Veaurillon, baron de Langlade.
Mme veuve d'Estresses de Paussac.
De Contie, Sgr de Meyrone.
Le comte de Marqueyssac (Marquessac).
Le comte de Rastignac.
D'Ablan d'Anglars.
Le comte de Monteil, Sgr de Cayriuls.
De Vignes, Sgr marquis de Puylaroque.
Du Sirech, Sgr de Saint-Avit.
De Segala, veuve de la Mirandole.
Le comte de Montagut de Lomagne.
De Montagut de Gouzon d'Aix.
De Montratier de Parazols.
De Montagut de Granel.
Le marquis de Beaumont.
De Laduguie, veuve de Broux de Ginailhac.
De Prudhomme du Roc.
Jeanne de Colomb, veuve de Peret.
De la Pize de la Pannonie.
Du Bosquet, baron de Genebrières.
De la Faverie de Montinhac.
De Cahuzac.
De Pezet de Viteterne.
Le chevalier de Colomb.
De Comarque, veuve de Bergues.

D'Auberie de Saint-Julien.
De Pugnet de Fontanda.
Ginestet de Selves.
La baronne de Ferussac, veuve d'Audebard.
Le chevalier de Marcilhac.
De Lacoste Fontenilles.
Le marquis de Tauriac, Sgr de Belmontet.
Delfau de Roquefort.
De Laroche, marquis de Fontenilles, Sgr de Cessac.
Le comte de Gironde, Sgr de Foucaux.
De Materre de Chaufour.
Le chevalier d'Haumont.
De Guiscard de Bar, chef de brigade au corps royal d'artillerie.
De Cérat, Sgr de Sauveterre, président aux requêtes.
Du Cluzel.
De Foulhiac, épouse de Lalbenque.
De Belcastel de Verdun.
De Vassal.
De Regourd fils.
Le vicomte de Beaumont, chef d'escadre.
De Pignol, Sgr de Durand.
De la Roque Bouillac.
Le comte de La Tour du Pin, Sgr de Cenevières.
Le vicomte de Corneilhan.
De Camy.
De Tegra de Caussade.
De Savignac, veuve Desplas.
Durieu, Sgr de Puygaillard.
Le comte de Lastic Saint-Jal.
De Cammas de Saint-Remy, Sgr de Puylagarde.
De Malartic, premier président au conseil souverain de Roussillon.
De Laserre, Sgr de la Roque.
De Boissy.
De Roure, Sgr de Saint-Aurel.
De Caumont la Force, Sgresse de Capou.
D'Hauteserre de Combetes.
La Burgade de Belmon.
De Charry de Caillavel.
Des Parro de Conyssèche.
De Turenne, comtesse d'Arzac.
D'Ouvrier, baron de Bruniquel.
De Majoret Despanes, veuve de M. Dolneau, conseiller au parlement, marquise de Picacos.
De Siriech.
De Lagarde, Sgr de Narbonnès.
Le baron de Cavaniac ;
Le comte de Guiscard, son fils.
De Bayal, Sgr de Traversa (de Briat de Traversat).
De Boutaric, épouse de M. de Sales.
Le chevalier de Saint-Simon.

De Combettes, premier présid. au bureau des finances, Sgr de Martel.
Laoubard de Genibras.
Le chevalier Le Blanc.
Alexandre de Tulle, Sgr de Saint-Geniès.
Le chevalier de Durfort.
Morau de Gorenflos, Sgr d'Arcambal.
Delfau de Bouilhac, Sgr de Villemade.
De Fazas de Favols.
Le baron de Langle.
De Rozet de Lacoste Gramont.
De Viguier.
Delon, Sgr direct de Courteil.
De Granier, Sgr de Saillac.
Dupont de Ligonnès, Sgr de Pomeyrol, dans Caylus.
De Gaulejac, veuve de Rabasteins.
De Framont de la Fajole.
Le comte de Gaulejac, Sgr de Piac.
Dailhot (d'Hélyot).
Le chevalier de Cieurac, Sgr de Pompignes.
De Scaudeca de Boisse (Escodeca).
Benoît, Sgr de Peyroux.
De Pélagrue, lieut.-colonel.
De Vignals, épouse de M. de Pélagrue.
De Guintrand.
Le Franc de Pompignan, Sgr de Caix.
De Folmon de la Grave.
Delperrié, Sgr du fief de Joannis.
De Foulhiac de Siniergues.
Desplas, veuve de messire Darnis.
De Meynard.
De Fezendier, épouse de M. Delpéré de Sainte-Livrade.
De Tournié, comte de Vaillac.
Françoise de la Bastide, Sgresse de la Gravière.
Hugues de Granès, Sgr de Granès.
Du Fau, baron de la Roque Toirac.
La comtesse de Corneillan.
De Baral, veuve de M. du Pouget, comte de Nadailhac.
De Becave, commissaire de la Noblesse.
Bernard de Saint-Jean, vicomte de Marcilhac.
La comtesse de Saignes.
Desplas du Buisson.
Lanies de Blandinières.
Desplas, garde du corps.
De Reliac, chevalier de Saint-Louis.
De Sauniac, baron du Fossac.
Dupouget de la Barrière.
Leblanc de Saint-Fleurieu, père.
De Geniès de Maniague.
Gautier de Savignac.
De la Mothe, Sgr de la Tour de Monfaucon.

Le chevalier de Parazol.

De Mauriac.

De Pugnet, curé de Calamane.

De Pugnet de Guayrac.

D'Izarn, baron de Capdeville.

Salomon de Preyssac, Sgr de Ramiers.

Arnaud-François de Pugnet Montfort.

Du Baillet de Bordol, Sgr de Gondourville.

De Broca, fils.

De Caumont, épouse de messire de Scorbiac, Sgresse de Realville.

De Foissac, veuve de messire d'Aliès de Caumont, co-Sgresse de Caussade.

De Laborie de Rozet, épouse de Pons Dinety.

De Boscas de Cazerac, écuyer, garde du roi.

De Boisson.

Gabrielle d'Ablan de Labouysse, veuve de M. de Bideran, Sgr de Saint-Cirq.

De Jaubert de Rassiols.

Le comte de Lentilhac.

De Geniès de Labarthe.

De Laguepie de Prudhomme.

De Cambolas, Sgr de Foucas.

De Bouscot, Sgr de Bouscot et del Sindic.

Thiron de Ladevèze, Sgr de Laurière.

De Savignac, président à la cour des aides, Sgr de fief à Laroque Marès.

De Crozailhes.

D'Aliès, baronne de Montbeton, Sgresse de Caussade, épouse du Sgr marquis de Cieurac.

De Villecobe, Sgr de Cayrac (Bellecombe).

De Lavaur de Bouillac (La Boisse).

Le comte de Bonneval.

De Lapize, capitaine dans Dauphin.

De Cassard, épouse de messire de Menget de Lahaye, Sgresse de Lavergne-Blanc.

D'Araqui, prêtre, Sgr de Saint-Vincent.

Bernard Valon de Lapeyre.

Delperé de Sainte-Livrade.

De Gautier de Savignac.

D'Andrieu de Fenlongues, veuve de noble de Fraysse.

Prevot de la Bastide, Sgr de la Bastide.

Henri de Lentron.

De Galard de Béarn, comte de Brassac.

De Besombes de Saint-Geniès, ép. de Gard de Cousserans, secrét. du roi.

De Gard, secrétaire du roi.

De la Gardelle, Sgr de fief à Caylus.

Du Breuilh, Sgresse de fief à Caylus.

De Scorbiac, Sgr de Belières.

Gironde, veuve du Sgr marquis de Fontbaujard, Sgresse de la Salvetat.

Françoise-Marie de Lalbenque, pour les fiefs dans Valpriouse.

Jean de Lalbenque, pour son fief des Albencats.

De Bessonnies.
Bernard de Marioles.
De Gouges Despaux.
Georges de Bonnafoux de Caminel.
De Caminel, père.
Pierre-Marie de Scairac (Escayrac).
De Montajoux, veuve de messire de Fargues.
De Pouzargues, veuve de noble de Garrigues de Saynac.
Dame veuve de Manas.
De la Grenesie de Lestrade.
Le baron de la Panouze.
De Bonnefoux, Sgr de Presque.
De Veyrac, veuve de messire de la Grange, Sgr de la Gardelle.
De Castres de Tersac.
De la Chèze, Sgresse de Fleizaguet.
Le baron de Poissac.
De Pascal, Sgr de Creisse.
De Gaudusson, chevalier, Sgr de Pradel.
Jérôme de Lavaur, capitaine de cavalerie, chev. de Saint-Louis.
De la Sudrie du Brocard, père.
De Cerou, possesseur de fief dans Gignac.
Lapize de Lunegarde.
Veuve d Lapize de Lacayrouse, Sgresse de Peyrielles.
Le comte de Bertier.
De Geniès de Lavalade.
Lasserre.
De la Chapelle de Carman.
De Comarque, Sgr du fief de Moissac.
De Cazalès, comte de Montesquieu.
Du Roc de Mauroux, baron d'Orgueil.
De Gripières de Montcroc, veuve du Sgr de Gatignol de Santis.
De Bellat.
Pechugayral de Fondonny.
Lagrèze, prêtre, Sgr de fief.
Cazètes, veuve Dally de la Garde.
D'Eyméric, veuve de messire de Chaunac.
La Grange-Gourdon, veuve de messire de Conquans.
Le vicomte d'Anteroche, baron de Mongerty et Saint-Médard.
Véal du Blanc, veuve de M. le comte de Lastic.
De Fabry, veuve de messire de Brons, Sgr de la Romiguière.
Perin de Bouzon, Sgr de Benens et le Touron.
De Secondat.
De Cruzy Marcilhac, Sgr de Laubejac.
Le président de Vac (Duval), Sgr de Varayre.
De Fargues.
De Caumon de Marmont.
De la Croix de Gironde, père.
De la Croix de Gironde, fils.
Le chevalier de Mostolac.
De Bonnafoux de Mercadie.

De Rozet de la Bastide de la Garde, épouse d'Audebard.

Rolland de Villenave.

De Calvimont.

Catherine de Lasserre, veuve de messire de Miremont, Sgr de Chadebic.

Duriol de Lafon.

De Meynard de Copeyre.

Comte de la Tour du Roc.

De Belly de Marandines, Sgr de Saint-Clair.

Louis, baron de Belfort.

De la Mothe Fortet.

De Rayet de Fargues.

De Seguy de Calamane.

Delord.

Catherine Françoise de Calvimont, baronne de Belcastel.

De la Sudrie de Calvayrac.

De Lacade de Villemontex.

De La Brousse de Vayrazet, conseiller au parlement.

Le marquis de Scayrac (Escayrac).

Le comte de Durfort Clairmont, Sgr de Puilaunès.

De Palhasse, baron de Salgues.

De Caors de la Sarladie, père.

Le comte de Monteil.

Rigal d'Augé de la Plène.

Joubert d'Ysseyrens.

De Gascq.

De Boutaric, veuve de messire de Colomb.

De Bramarie d'Hauterive.

Le Franc de Lacarry.

D'Audin de Brengues.

De Peyronnenq.

De Cajarc.

Du Grenier de Lafon.

Antoine de Colomb, Sgr de Laprade.

De la Tour de Bonnafoux.

Doumerc de la Caze.

De Lapize de Saint-Projet.

De Malhier, ancien major du Maine.

De Valada.

De Fraysse de Caussade.

De Saint-Martin, Sgr de la Bastide Marsa.

Chetard, Sgr de Saint-Paul.

PORTEURS DES PROCURATIONS.

Le duc de Biron et de Lauzun.
Le vicomte de Lostanges.
De Cazalès.
Du Noyer.
De Morlhon de la Roussille.
De Laborie de Rouzet, lieut.-colonel.
De Labroue.
Le marquis de Cieurac.
De Baudosquier de Fonblanque.
De Labouysse.
Le marquis de Touchebœuf Beaumont.
Le marquis de Beaucaire.
Le comte de Durfort-Léobard.
Le vicomte de Valence.
Le marquis de Floirac.
Le comte Alphonse de Durfort-Boissières.
Le comte de la Garde de Bonnecoste.
Baudus, père.
Le comte d'Estresses de Lanzac.
Le comte de Cardaillac.
De la Garde Besse.
Le comte de Gironde.
Le chevalier des Juniès.
De Molières.
De la Mirandole.
De Montagut de Cremps.
De Montagut de Favol.
De Linars.
De Prudhomme.
D'Auzac de la Pannonie.
Le chevalier de Vicoze.
Le chevalier de Mirandol.
Le comte de Touchebœuf Clermont.
Le chevalier de Rouzet.
De Marcilhac.
De Mondésir.
De Mallezet.
De Materre de Chaufour.
D'Haumont.
De Pouzargues.
De Regour, père.
De la Roche-Lambert, père.
De la Roche-Lambert, fils.
De Larnagol.

Nioul de Mazeyrac.

De Malartic.

D'Espagne.

De Baudus, fils.

Le baron de Puy-Monbrun.

Le baron de Couysseles.

De Gatebóis.

De Martin de Bellerive.

De Colomb de Saint-Thamar.

Le comte de Guiscard.

Le chevalier de Cornely.

De Combetes Lapeyrière.

Du Faure de Prouliac.

De Monteil, officier dans Languedoc.

Le baron de Rozet de Lagarde.

✝ Delon de Félines.

Delon de Félines, fils.

De Bonal, baron de Castelnau.

✝ De Bonal, chevalier de Saint-Louis.

Le chevalier Charles de Bonal.

Le comte de Clermont Touchebœuf.

De Fouilhac de Padirac.

De Mostolac, chevalier de Saint-Louis.

Desplas, officier de chasseurs.

✝ De Molines de Lavaur, chevalier de Granès.

Desplas, ancien mousquetaire.

Desplas, capitaine d'infanterie.

Desplas, lieutenant des grenadiers royaux.

De Montlezun, père.

✝ Le Blanc.

De Montratier.

De Montratier.

De Gayrac.

Le chevalier de Cruzy de Marcilhac.

Du Pugnet de Lastours.

Dubreil, père.

De Scorbiac (Escorbiac).

De Lacroze.

De Mirail.

De Lavaur de Laboisse.

Le chevalier du Bouscot.

De Sadoux.

Le chevalier de Saint-André.

De l'Isle-Brives.

Le comte de Lascazes.

Aldouin d'Araqui.

Le comte de Saint-Exupery.

✝ De Belcastel Montvaillant.

Le chevalier de Belcastel.

De Lassagne.

De Gantel-Guitton, Sgr de Mazargues.
De Gantel-Guitton de Mazargues, fils.
D'Hermitte, fils aîné, écuyer.
De la Porterie-Laguarrigue, écuyer.
De la Porterie Saint-Conas, écuyer.
De la Laurière, chevalier.
Le Maître de Beaumont, écuyer.
De la Rouvière, chevalier.
De Marin, aîné, chevalier, ancien maire de cette ill .
De Marin de Caranrais, chevalier.
De Montolieu, chevalier.
De Montgrand, chevalier.
De Payan, écuyer.
De Pellissier de Pierrefeu, écuyer.
Le marquis de Pontevès.
Le comte de Pontevès, maréchal de camp.
De Philip, aîné, écuyer.
De Raymond, écuyer.
De Rey, l'aîné, chevalier.
De Rey, frère, chevalier.
De Rey-Forestat, chevalier.
Reynaud de Trest, écuyer.
De Rians, chevalier.
De Rolland, écuyer.
De Rolland de Sillane, écuyer.
De Roux, écuyer.
De Rostan, père, écuyer.
De Rostan, fils aîné, écuyer.
De Rostan, fils cadet, officier.
De Surians de Bros, écuyer.
De Saint-Jacques d'Argens, chevalier.
De Sinety, chevalier.
De Villeneuve de Gasquet, chevalier.
De Venture, chevalier.
De Venture, frère, chevalier.
De Virgile, écuyer.
De Villeneuve de Trans, chevalier.

SÉNÉCHAUSSÉE DE TOULON.

*Protestation et déclaration des nobles non possédant fiefs
de la ville de Toulon.*

(*Archiv. imp. B. III, 146. p. 41.*)

Les soussignés composant l'ordre de la Noblesse de Toulon, assemblés
sous l'autorisation de messire Claude-Laurent de Burgues de Missiessy,

sénéchal d'épée en la sénéchaussée de cette ville, ayant pris une lecture réfléchie d'un imprimé portant pour titre : *Protestation et déclaration des nobles non possédant fiefs* de la ville d'Aix, par eux signée et par Messieurs les commissaires des nobles non possédant fiefs des villes d'Aix, d'Hyères, de Draguignan, de Riez, d'Apt, de Pertuis, de Valensolles, etc., déposée le 6 février, chez M⁰ Brémond, notaire, contrôlée le 7 : ladite protestation et déclaration intervenue sur la connaissance que lesdits nobles non possédant fiefs ont eu d'un imprimé portant pour titre :

Protestation et déclaration de la Noblesse de Provence dans son Assemblée générale, commencée le 20 janvier 1789,

Déclarent adhérer en tout le contenu à la protestation et déclaration desdits nobles non possédant fiefs des villes d'Aix et autres ci-dessus dénommées, comme contenant les vrais sentiments des soussignés nobles non possédant fiefs de la ville de Toulon.

Ils prient MM. les commissaires de vouloir bien rendre publique leur présente déclaration, et même de la faire signifier, s'ils le jugent à propos, à MM. les possédant fiefs qui prétendent représenter seuls l'ordre de la Noblesse de Provence.

Fait à Toulon, le 15 février 1789, et ont signé :

Missiessy, sénéchal.
Destoult-Milet de Mureau, capitaine au corps royal du génie.
Le comte de la Porte, ancien capitaine des vaisseaux du roi.
D'Antrechaux, ancien officier de la marine.
Gineste, brigadier, ancien capitaine de vaisseau.
Le baron de Cholet.
Beaurepaire.
Possel.
Ruyter.
La Poype-Vertrieux.
Daniel.
Coutyer de Pomiès, ancien capitaine d'infanterie.
D'Orsin, capitaine de vaisseau.
Simony de Broutières.
Le comte de Beauquaire, ancien capitaine de vaisseau.
De Beaussier-Châteauvert de Montauban, ancien capitaine de vaisseau.
Le comte de Drée.
Champmartin, ancien capitaine de vaisseau du roi.
Venel.
Le vicomte de Roys, colonel, chef de brigade au corps royal du génie.
Martinenq, ancien capitaine de vaisseau.
Le vicomte de Grasse, lieutenant de vaisseau.

Procès-verbal de l'Assemblée de la Noblesse de la sénéchaussée
de Toulon.

31 mars 1789.

Claude-Laurent de Burgues de Missiessy, ancien capitaine des vais-
seaux du roi, brigadier des armées navales, sénéchal d'épée de
Toulon.
La Poype-Vertrieux.
Vialis.
Possel.
Milet de Mureau.
Le vicomte des Rois.
Robineau de Villemont.
Coriolis.
Daniel.
La Canorgue.
Ferry du Clapier.
Gineste.
Martinessy (Martinenq).
De Cuers.
Le chevalier de Cogolin.
De Selle du Réal (Sgr de la Castille).
Le chevalier Surléon de Tressemanne-Chasteuil.
Burgues-Missiessy.
Rochemore.
Le comte de la Porte-Isserteaux.
Le chevalier de Vialis.
D'Antrechaux.
Isnard de Cancelade.
Boullement de la Chenaye.
Simony de Broutières.
De Burgues de Missiessy, sénéchal.

6 avril 1789.

David de Beauregard.
Bellon Sainte-Marguerite.
Dumier.
Monnier-Châteauvieux.
De Paul de Gantès aîné.
Grisolles.
Le chevalier de Sainte-Marguerite.

Ont été nommés électeurs :

Louis-Armand, marquis de la Poype-Vertrieux, chef d'escadre des armées navales.

Michel-Joseph de Vialis, maréchal des camps et armées du roi; directeur des fortifications du Dauphiné et de la Provence.

César, marquis de Coriolis, ancien capitaine des vaisseaux du roi et brigadier des armées navales.

Etienne-François-Joseph, vicomte des Rois, colonel, chef de brigade au corps royal du génie.

Louis-Marie-Antoine Destouff-Milet de Mureau, capitaine au corps royal du génie.

Jean-Paul-Hyacinthe Possel, commissaire général des ports-arsenaux de la marine, ordonnateur au dépt de Toulon.

Paul-Honoré-François-Xavier Méri de la Canorgue, capitaine des vaisseaux du roi, directeur de l'Ecole des élèves de la marine au port de Toulon.

François Simony de Broutières, aide-major de la place.

Joseph-Antoine de Ferry du Clapier, gentilhomme.

Jacques-François de Roquemore, major des vaisseaux du roi.

Jacques-Philippe de Cuers, chevalier de Cogolin, capitaine des vaisseaux du roi.

Jules-François Robineau de Villemont, chevalier de Saint-Louis, commissaire des guerres.

Louis Daniel, commissaire des classes de la marine.

Félix-Magdeleine de Gineste, ancien capitaine de vaisseau, brigadier des armées navales.

Louis-Alexandre-Toulon Isnard de Cancelade, major des vaisseaux du roi.

BRIGNOLES.

La marquise de Castellane, dame de Tunes et de Vaugiers.

Le marquis de Castellane, Sgr de Mazanques (Majastres?).

De Ballon, Sgr de Saint-Julien, conseiller au Parlement.

De Raousset-Vintimille, marquis de Sérillons, conseiller au Parlement.

Du Bourguet, Sgr de Saint-Estève et d'Auriac, conseiller au Parlement.

De Surians, co-Sgr de Brus.

De Mons, Sgr de Pontevès, conseiller au Parlement.

De Lyon de Saint-Ferréol, co-Sgr de Pontevès, conseiller au Parlement.

Le marquis de Sabran, Sgr de Rognatel, et en partie de Pontevès.

De Pontevès-Laforêt, Sgr de Pontevès.

De Bruni, président d'Entrecasteaux, marquis dudit lieu.

La dame de Villeneuve, marquise de Forcalquier, Saint-Anastasie, et Rocbason.

La dame Guitton de Mazargues, dame du lieu de Priges.

Le sieur d'Allard, Sgr de Neoules, conseiller au Parlement.

Le comte du Luc, marquis de Vins.

30 mars 1789.

Esprit-Toussaint de Clapiers, écuyer.

Jean-François-Louis de Gantes, ancien capitaine de vaisseau, brigadier des armées, chevalier de Saint-Louis et de Cincinnatus.

François-Alexandre de Monnier de Châteauvieux, ancien capitaine d'infanterie.

Joseph de Brun de Favas, ancien capitaine d'infanterie, chevalier de Saint-Louis.

Louis-François de Clapiers, écuyer, avocat en la cour.

Jean-Baptiste-Pierre de Paul, écuyer.

Charles-Henri de Bellon de Sainte-Marguerite, chevalier, capitaine de dragons.

Jean-Baptiste Charles de Grisolles, écuyer.

Félix-Jean-Baptiste de Grisolles, lieutenant du génie.

Jean-Charles-André-Gaspard de Beaumont, écuyer.

HYÈRES.

30 mars 1789.

Joseph de Boutiny, écuyer.

Alexandre-Amable de David, chevalier, Sgr de Beauregard, Saint-André, Lavaisse, chevalier de Saint-Louis, colonel d'infanterie.

Louis-François-Raymond de Clapiers de Saint-Tropès, ancien capitaine de vaisseau, chevalier de Saint-Louis.

Alexandre-Auguste de David, chevalier, Sgr de Beauregard, major d'infanterie, chevalier de Saint-Louis.

Louis-François de Gardanne, ancien capitaine d'infanterie, chevalier de Saint-Louis.

François-Victor de Boutiny, chevalier.

De Bastide.

PRINCIPAUTÉ D'ORANGE.

*Procès-verbal de l'Assemblée générale des trois ordres
de la principauté d'Orange.*

27 mars 1789.

(Archiv. imp., B. III. 99. p. 80, 86—91. 127.)

NOBLESSE.

Joseph-François Joannis, marquis de Verclos, seigneur du fief de
Verclos.

La dame Marie-Magdeleine-Pauline de Villeneuve, comtesse du Saint-
Empire, dame de Martignan.

François-Ursule, comte de Fraigne, chevalier, ancien intendant de la
marine.

La dame Charlotte-Elisabeth de Reymond, veuve de François-Elzéar-
Louis de Bourgarel, chevalier, seigneur de Martignan.

Joseph-Joachim-Basile de Régis, marquis de Billioty, seigneur de Beauregard, chevalier de Saint-Lazare.

Hercule-Paul Catherine, marquis de Fortia, seigneur de Lampourdier
et de la Montagne du Prince.

Louis de Bonfils, chevalier.

François-Régis-Camille de Serres de Saunier, marquis de Gras, baron
de Violès, seigneur de la Baume.

François-Raymond de Joannis.

La dame Françoise-Charlotte-Gabrielle de Fortia Montréal de Pol, du-
chesse de Gadaigne, dame du fief d'Usson.

Joseph-Sébastien de l'Eglise, chevalier, ancien lieutenant colonel d'infanterie, chevalier de Saint-Louis.

Antoine-Lucien-Nicolas de Nalis, seigneur du fief de l'Estang.

Philippe de Sausin, seigneur de la Boutillerie, de la Tour de Serres et
Malgrach.

Louis-François-Xavier, comte d'Alleman, seigneur du fief de Château-
neuf de Redortier.

Daymard d'Argensol.

André Légier, conseiller du roi, trésorier de France, et général des
finances en la généralité de Provence, seigneur de Malijay et de
Montfort.

Jacques de Vincent, marquis de Causans et du bourg de Jonquières.

De Sainte-Croix.

Gaspard-Marie de Maulges de Guyon de Marcel, chevalier, marquis de
Crochans.

Louis-Jean-Baptiste de Laval de Saint-Martin.

Jean-Charles de Sausin, citoyen de cette ville.

Jean-Honoré de Drevon, citoyen de cette ville.

Le chevalier d'Aymard, citoyen de cette ville.

Christophe-Louis de Sausin, citoyen de cette ville.

Louis de Laval, citoyen de cette ville.

Jean-Gabriel Deydier, citoyen de cette ville.

Servais de Laval, citoyen de cette ville.

Louis-Raymond de Joannis, propriétaire du domaine d'Usson.

Louis-Augustin de Brousset, ancien conseiller à la cour des comptes de
Provence, officier au régiment de Boufflers-dragons.

Honoré de Redonnet, seigneur du fief de Maucail.

Jean-François de Bonfils, chevalier, ancien capitaine d'infanterie, chevalier de Saint-Louis, viguier pour le roi à Orange.

Le marquis de Conceyl.

Le marquis de Blocard,

LISTE DES DÉPUTÉS DES TROIS ORDRES

AUX ÉTATS GÉNÉRAUX DE 1789.

AIX.

L'Archevêque d'Aix (Jean-de-Dieu-Raymond de Boisgelin).
Cousin, curé de Cucuron.

D'André, conseiller en parlement (*).
De Clapiers.

Le comte de Mirabeau.
Bouché, avocat en parlement.
Audier Massillon, lieutenant général en la sénéchaussée.
De Pochet, ancien assesseur et procureur du pays de Provence.

Suppléants.

Verdet, avocat.
Philibert de Saint-Julien.

ARLES.

L'Archevêque d'Arles (Jean-Marie Dulau.)
L'abbé Royer, Conseiller d'Etat.

De Provançal, marquis de Fontchateau.
Le marquis de Guilhem Clermont-Lodève.

Pélissier, docteur en médecine.
Durand de Maillane, avocat.
Boulouvard, négociant d'Arles.

DRAGUIGNAN, GRASSE ET CASTELLANE.

Mougins de Roquefort, curé de Grasse.
Gardiol, curé de Callian.

(*) Il est qualifié *marquis* d'André sur la liste des députés de la minorité de la Noblesse qui se réunirent à l'Assemblée nationale (V. le *Point du jour, journal de l'Assemblée nationale*, t. I. 60.126). C'était le père du sénateur de ce nom, mort à Paris, en janvier 1860.

Le vicomte de Broves de Rafelis, colonel d'infanterie.
Le comte de Lassigny de Juigné.

Lombard de Taradeau, lieutenant général du bailliage.
Mougins de Roquefort, maire et premier consul de la ville de Grasse.
Verdolin, avocat.
Sieyes de la Baume, propriétaire.

FORCALQUIER, SISTERON ET DIGNE.

Rolland, curé du Caire.
Gassendi, prieur curé de Barras.

De Burle, lieutenant général de Sisteron.
D'Eymar.

Latil, avocat, maire et premier consul de Sisteron.
Bouche, fils, avocat.
Sollier, avocat.
Mevolhon, avocat.

Suppléants.

Champsaud, curé de Digne.
Desmares, de Bignosc.
De Rufin, de Manosque.
Teissier, de Sisteron.

MARSEILLE.

L'abbé de Villeneuve-Bargemont, chantre, comte, chanoine de Saint-
Victor de Marseille.
L'abbé Davin, chanoine de l'Eglise collégiale et paroissiale de Saint-
Martin.

Le marquis de Cipières, chevalier de Saint-Louis.
De Sinety, chevalier de Saint-Louis (*).

(*) André-Louis-Esprit de Sinety avait été élevé aux pages de la grande écurie; il
était, en 1789, ancien major du régiment royal Navarre cavalerie. Le *Procès-verbal
des séances de la chambre de l'ordre de la Noblesse aux États-Généraux*, p. 28,
lui donne le titre de *comte*, à l'appel de son nom parmi ceux des députés dont les
pouvoirs sont vérifiés.
C'est pour son oncle, André de Sinety, sous-gouverneur des enfants de France, que
la terre de Lurcy-Lévis en Bourbonnais et en Berry, avait été érigée en marquisat par
lettres patentes données à Versailles au mois d'août 1770, enregistrées au Parlement
de Paris, le 15 juin 1771.

Roussier, négociant.
Lejeans, négociant.
Delabat, négociant.
Castelanet, suppléant admis pour remplacer M. Liquier, mort à Versailles, le 13 juin 1789.

Suppléant.

Peloux.

ORANGE.

L'Évêque d'Orange.

Le marquis de Causans.

Dumas, avocat au parlement.
Bouvier, procureur du roi à la justice royale de la principauté d'Orange, et professeur en droit civil.

Suppléants.

Poule, prévot du chapitre.
De Conseil.
Besson, avocat à Orange.
Falque, bourgeois à Jonquières.

TOULON.

Rigouard, curé de Solliès-la-Fallède
Montjallard, curé de Barjols.

Le marquis de la Poype-Vertrieux, chef d'escadre.
De Vialis, maréchal de camp, directeur des fortifications.

Meifrun, consul de Toulon.
Féraud, avocat et consul de Brignoles.
Jaume, d'Hyères.
Ricard de Séalt, avocat.

Suppléants.

Dauphin, curé d'Entrecasteaux.
Millet, officier du génie.
Honoré Granet, négociant à Toulon.

GOUVERNEMENT MILITAIRE DE PROVENCE.

Le maréchal prince de Beauveau, lieutenant général, gouverneur.
Le comte de Caraman, commandant en chef.
Le marquis de Miran, commandant en second.

Lieutenants généraux.

Le duc de Brancas-Céreste.
Le marquis de Pilles.
Le marquis de Causans.

Lieutenants des maréchaux de France.

Le baron Hippolyte de Laugier, à Digne.
Le baron de Bros, à Valensolle.
De Bournissac, à Aix.
De Laurans, à Aix.
Deydier de Pierrefeu, à Toulon.
Le vicomte Barton de Montbas, à Hyères.
Le baron d'Armand, à Marseille.
Le comte de Passebon, à Marseille.
Le baron d'Imbert, à Marseille.
Le comte de Chatillon, à Aubagne.
Le comte de Saint-Léger, à Avignon et Brignolles.
Le marquis de Castellane, à Manosque.
Le marquis de Sabran, à Riez.
De Vignes, père et fils, à Arles.
De Chabert, à Arles.
Le comte de Caire du Lauset, à la Ciotat.
Le chevalier de la Baume, à Grasse.
Le marquis de Lombard, à Grasse.
Pélissier Desgranges, à Apt.
De Camaret, à Apt.
De Paul, à Saint-Maximin.

Gouvernements particuliers.

Marseille . . . . Le marquis de Pilles, gouverneur, viguier
commandant.
Le comte de Pilles, adjoint.
Le comte de Fortia de Pilles, en second.

Citadelle de Marseille . . Le comte de Montazet, gouverneur.
De Marengo, adjoint.
De la Roque, major.
Marion, aide-major.

Fort Saint-Jean.......	De Cherisey, gouverneur.
	De Calvet, lieutenant de roi.
	Chevalier de Beausset, major.
Château d'If..........	Le comte de Scey, gouverneur.
	D'Alègre, major.
Toulon	Le comte de Custine, gouverneur.
	La Rivière de Coincy, commandant.
	Durand, major.
La Malgue...........	Pomme, aide-major.
Grosse-Tour..........	Chev. de Montespin, major commandant.
Saint-Tropez.........	Du Bouchet, major commandant.
Tour-de-Bouc...	Giry de la Roque, aide-major.
Porquerolles.........	Dalayer de Costemore, major commandant.
Portecros............	De Savournin, major commandant.
Iles Sainte-Marguerite.	Le marquis de Castellane, gouverneur.
	Le marquis de Castellane fils, en survivance.
	De Robaux, lieutenant de roi.
	De Montgrand, major.
Antibes..............	Le marquis de Janson, gouverneur.
	Le marquis de Cugnac, lieutenant de roi.
	Sanglier de la Noblaye, major.
Fort-Quarré..........	De Bouchard, aide-major.
Entrevaux...........	De Mandols de la Pallu, commandant.
Seyne	De Marty, aide-major, commandant.
Colmar..............	Doriac, commandant.
Barcelonnette.........	De Rignac, commandant.
Sisteron	Le comte de Choiseul-Beaupré, gouverneur.
	Le comte de Courcenay, lieutenant de roi.

PARLEMENT DE PROVENCE.

Présidents.

1748. De Glené de la Tour, chevalier, premier et intendant.
1746. De Fauris de St-Vincent.
1748. De Thomassin de Peynier.
1756. De Bruny d'Entrecasteaux.
1767. D'Albert St-Hippolyte.
1768. D'Arbaud de Jouques.
1776. D'Arlatan de Lauris.
      De Cabre.
1777. De Bruny de la Tour-d'Aygues.
1782. D'Albert St-Hippolyte.
1782. De Fauris de Noyers de Saint-Vincent, en survivance.

Honoraires.

1733. De Bruny d'Entrecasteaux.
1742. De Thomassin-Peynier.

Conseillers d'honneur.

L'archevêque d'Aix, premier conseiller ; et les évêques de la province.

Conseillers.

1729. De Barrigue de Montvallon.
1735. De Ballon.
1737. De Meyronnet St-Marc.
1743. De Pazery de Thorame.
1748. De Cymon de Beauval.
De Villeneuve de Mons.
De Gras.
De Franc.
Du Pignet-Guelton.
De Benault de Lubières.
Isoart de Chenerilles.
1752. De Souchon d'Espreaux.
1756. De Ravel d'Escrottes.
1758. De Méry La Canorgue.
De Payan de St-Martin.
1759. D'Arnaud de Vitrolles.
D'Estienne du Bourguet.
De la Boulie.
De Cadenet de Charleval.
De Robineau de Beaulieu.
1760. Du Queylar.
1765. De Bouchet de Faucon.
De Raousset de Seillons.
De Nicolay.
De Meyronnet de St-Marc.
Le Blanc de Castillon, fils.
De Périer.

De Bonnet de la Beaume.
De Fabry Borilly.
De Boyer-Fonscolombe.
De Ramatuelle (d'Audibert).
1770. D'Esmivy de Moissac.
1775. De Gautier du Poët.
De Pazery de Thorame.
D'Allard de Neoulles.
1776. D'Alpheran de Bussan.
D'Espagnet.
De L'Isle-Grandville.
1778. De Franc.
D'Estienne de St-Estève.
De Garidel.
De Barrigue Fontainieu.
De Bonnet La Beaume, cl.
De Lyon St-Ferréol.
1779. D'André de Bellevue.
De Boisson Lasalle.
1781. De L'Ordonné.
D'Hermitte-Maillane.
1783. De Fortis.
1783. De Colla de Pradine.
D'Arquier.
Bernardy de Valernes.
1784. De Dons de Pierrefeu.
1787. De Demandolx.

Gens du roi.

1775. De Maurel de Calissane, avocat général.
1776. Le Blanc de Castillon, procureur général.
1775. D'Eymar de Montmeyan, avocat général.
1787. De Cymon de Beauval, avocat général.
1787. Estrangin, substitut.
17.. De Regina, greffier en chef.

Chancellerie.

Pin.   Siméon.   Servan.   Berage.   Baldy.

COUR DES COMPTES, AIDES ET FINANCES.

Présidents.

1775. D'Albertas, chev. premier.
1765. D'Albert.
1768. De Coriolis.

1771. De Mazenod, fils.
1781. De Duranti de la Calade.
De Boyer d'Eguilles.

Conseillers.

1730. De Bonaud de Gattus.
1733. De Menc.
De Fulconis.
1736. De Mayol St-Simon.
1738. De Riants.
1755. De Martini.
1757. De Gaillard d'Agoult.
De Colla de Pradines.
1764. De Moreau.
Gravier de Pontevès.
1766. Pélissier de Chantereine.
1767. Surléon de Gautier.
1768. De Duranti fils.
1770. Marius de Bec.
1771. De Segond de Sederon.
De Fresse de Monval.
De Coriolis.
1772. De Bonnaud de St-Pons.
1780. De Menc, fils.
De Moriès.
De Bougerel de Fontienne.

De Callamand de Consonoves.
De Julien, fils.
1781. De Michel, fils.
De Miollis, fils.
De Bonnaud de St-Pons.
De Philip.
De Pélissier de Roquefure.
Philippe de Peyras.
D'Arnaud.
De Merendol.
De Jaubert de St-Pons.
1782. De Solliers.
De Calvy de St-André.
1784. Tyrse de Pochet.
1785. D'Anglesy de Desorgues.
1787. De Portaly de Martiali.
De Barnoin d'Antonelle.
De Laget de Bardelin.
De Gaye du Bourguet.
1788. De Gaudemar.
1789. De Pin.

Gens du Roi.

1767. D'Autheman , avocat général.
1781. De Saquy de Sannes, procureur général.
1782. De Rémuzat, avocat général.

Greffiers en chefs.

1748. Frégier.   1762. Bœuf.   1781. Ailhaud.

Substituts.

1753. Turrel.   1772. Paquet.

Secrétaires du roi en la cour.

Luce de Seillans.   Roubeaud.

Secrétaires du roi en la Chancellerie.

Rouxeau de la
Ménardière.
Maille.
Girard.
Boncenol.
Court.

Guichard.
Anselme.
Beaumont.
Avale.
Suyduval.
Chardon.

Rey.
Bisseul.
Etienne.
Desloges.
Rolland.
Bouyer.

Maugue.
Dalmas.
Crozet.
Le Cerf.
Martel.

GÉNÉRALITÉ D'AIX.

1775. M. des Gallois, marquis de Saint-Aubin, vicomte de Glené, Sgr de la Tour, Chazelles, Dampierre, etc., premier président au Parlement de Provence, et maître des requêtes honoraires, intendant.
M. Serré, trésorier général de France, secrétaire de l'Intendance.

BUREAU DES FINANCES.

1739. De Mestre d'Eygalades, premier président.
1746. D'Astier, président.
1748. De Barnoin, président.
1752. De Berne de Bourrhoumieuves, doyen.

Honoraires.

1736. Le Chantre.
1737. Brignol.
De Magniol.

De Renaud de Fonsbelle.
1742. De Ribbe.
1746. De Roubaud.

Officiers.

1752. De Pagi.
1758. Du Bousquet de Saint-Barthélemy.
1759. De Castel.
1764. De Brun d'Aubignosc.
1765. De Serré.
1767. De Légier.
1768. De Nans d'Ampus.
1770. De Rostolan.
De Giraud de Cuers.

1775. De Brouillony de Montferrat.
1777. De Grandin de Salignac.
De Léon.
De Ribbe.
1778. De Taillas.
1779. D'Ulme.
De Borrelly.
1782. De Magniol.
De Sauvaire.
1783. De Barthélemy.

Parquet.

1755. Benoit, avocat du roi.
1766. De la Tour, procureur du roi.
De Bonnet, avocat du roi.
1780. De Faure de Vercors, procureur du roi.
1759. Imbert, greffier en chef.

CHAPITRE NOBLE DE SAINT-VICTOR

A MARSEILLE.

Les preuves nobles étaient de six degrés paternels, formant ensemble cent cinquante ans. Les dignitaires avaient tous le titre de comte.

—

Louis-François-Camille de Lorraine de Lambesc, abbé.
Charles de Sade, abbé d'Issoudun, prévot.
Barthélemy-Joseph de Villeneuve-Bargemont, chantre.
Lazare-Victor de Jarente de la Bruyère, abbé d'Ainay, ancien trésorier honoraire.
Antoine-Gaspard d'Arbaud de Chateauvieux, trésorier.
Louis-Joseph de Laugier de Beaucouse.
Balthasar de Sabran.
Jacques-Louis-Auguste de Thomassin de Peinier, abbé d'Aiguebelle.
François-Joseph de Damian, prévot de Pignan.
Joseph de Glandevès.
Jean Antoine d'Hostager.
Claude-François-Romée de Villeneuve-Tourette vice-général de Nevers.
N... Pontevès-Bargême (Bargence?).
Jean-Paul de Villeneuve-Saint-Auban.
Augustin de Fabre de Mazan.
Paul-Ambroise de Barras de Vallecriche.
Melchior de Forbin-la-Barben.
Guillaume-Charles de Raousset-Seilhon.
N... de Clapiers-Colongue.
N... de Clapiers.

Chanoines, comtes honoraires.

Louis-Jérôme de Suffren de Saint-Tropez, évêque de Sisteron.
Emmanuel-François de Beausset de Roquefort, évêque de Fréjus.
Jean-Baptiste de Belloy, évêque de Marseille.

Places nobles amovibles.

De Thomas de Gignac.
De Pontevèz-Gien.
De Suffren.

De Bernardi de Sigoyer.
De Barras-Mellan.
De Villeneuve-Esclapon.

(WAROQUIER. — *État général de la France*, 1789, p. 380.,

Paris. — Imp. de Lubuisson et Cᵉ, rue Coq-Héron, 5.

De Bonnemain, Sgr de Lescout et Sanal.

De Bonnefoy, co-Sgr d'Algans.

De Bruyères de Lanoux.

D'Escat de Montaut.

Le chevalier d'Uston.

Le vicomte d'Uston, baron de Monberau.

De Bazon, Sgr de Labernède et Grand-Bouzet.

D'Araignon de Villeneuve.

De Crussol, duc d'Uzès, premier pair de France, prince de Soyons.

Dufaur-Coajaze.

De Beaudean, Sgr de Beaudean.

De Brettes de Thurin, Sgr et baron de Puy-Daniel.

D'Escat de Montaut, Sgr de Gonte-Vernine.

De Martin, Sgr de Marsac.

De Faidit, comte de Tersac.

De Faidit, chevalier de Tersac.

De Faidit de Tersac, capit. au régt d'Auvergne.

Le comte de Foix-Fabas.

D'Icard de Pontaut, Sgr de Serisols.

D'Anceau de Mauran.

De Larroque, lieutenant des maréchaux de France.

De Lafage, baron de Pailhès.

Le baron de Saint-Félix.

De Lavelanet.

De Boutaud.

De Martin de Mailholas.

Le comte de Nattes.

Dame de Sers, baronne de Nogarède, Sgresse de Sers.

Le vicomte de Narbonne-Lara.

Le baron de Narbonne-Lara.

D'Eimar de Palamini, lieut. des maréchaux de France.

De Vixé, Sgr de Couladère.

De Hunaud, Sgr de Laroussel.

Le marquis de Sers.

Dame de Rivals de Saint-André.

De Lages.

Delort de Latour.

Le comte de Labarthe.

Decours, baron des Barthés.

De Taillasson, co-Sgr de Colomiers et de Saint-Martin du Touch.

LISTE DES DÉPUTÉS DES TROIS ORDRES

DE LA GÉNÉRALITÉ DE TOULOUSE, AUX ÉTATS - GÉNÉRAUX DE 1789.

CARCASSONNE.

L'Archevêque de Damas, co-adjuteur d'Alby.
Samary, curé de Carcassonne.

Le comte de Montcalm-Gozon, maréchal de camp.
Le marquis d'Upac de Badens, ancien off. d'infanterie.

Ramel-Nogaret, avocat du roi au présidial de Carcassonne.
Dupré, négociant-fabricant, de Carcassonne.
Morin, avocat au parlement, citoyen de Saint-Nazaire.
Benazet, bourgeois de Saissac.

CASTELNAUDARY.

Guyon, curé de Baziéges.

Le marquis de Villedeuil, lieut.-général des armées navales.

Martin d'Auch, licencié ès lois.
De Guilhermy, procureur du roi au présidial.

CASTRES.

L'Evêque de Castres.

Le comte de Toulouse-Lautrec, maréchal de camp.

Pezous, avocat d'Alby.
Ricard, conseiller du sénéchal.

LIMOUX.

Cauneille, curé de Belvis.

Le baron de L'Huillier-Rouvenac.

Bonnet, avocat.
La Rade, syndic au diocèse d'Aleth.

TOULOUSE.

L'Archevêque de Toulouse.
De Chabanettes, curé de Saint-Michel, à Toulouse.
Gausserand, curé de Rivière, en Albigeois.
Pons, curé de Mazamet.

Le marquis de Panat.
De Maureins, président à mortier au parlement de Toulouse.
Le marquis d'Avessens de Saint-Rome.
Le marquis d'Escouloubre.

Raby de Saint-Médar, citoyen de Castel-Sarrazin.
Devoisins, avocat en parlement, citoyen de Lavaur.
Moussinat, avocat au parlement de Toulouse.
Campmas, docteur en médecine, citoyen de Monestier.
Fos de la Borde, docteur en médecine, maire de Gaillac.
De Lartigue, lieut.-général en la sénéchaussée de Toulouse.
Viguier, avocat au parlement de Toulouse.
Roussillon, négociant à Toulouse.

PARLEMENT DE TOULOUSE.

Présidents.

1787. De Cambon, premier président.
1769. De Sapte du Puget.
1775. De Mengaud, baron de Lahage.
Desinnocens de Maurens.
De Campistron, marquis de Maniban.

Présidents honoraires.

1738. D'Aignan, baron d'Orbessan.
1753. Le marquis de Pégueirolles.

Chevaliers d'honneur.

De Comère.
De . . . . .

Conseillers d'honneur.

L'Archevêque de Toulouse, conseiller-né.
De Cambon, évêque de Mirepoix.
De Narbonne Lara, abbé de Saint-Saturnin.

Conseillers clercs.

De Barès, chanoine, grand archidiacre de Béziers.
De Balza de Firmy.

Conseillers lais.

De Boyer de Drudas, doyen.
De Coudougnan, sous-doyen.
De Bardy.
De Montgazin.
De Blanc.
De Gilède Pressac.
De Reynal.
De Durègne.

De Pérès.
De Rey.
Le marquis de Lespinasse.
Dalbis de Belbèze.
Le marquis de Portes.
D'Azemar de Castelferrus.
De Cassaigneau de Saint-Félix.
D'Escalonne.

Conseillers honoraires.

D'Albis.
De Lassalle.
De Vaysse.
De Boisset.
De Pratz, baron de Vieux.
De Trenquelaye.
D'Héliot.
De Catellan de Caumont.

De Saint-Jean.
De Rafin.
De Vic.
De Boutaric-Lafont-Vedelly.
De Barbara de Boisseson.
De Long.
De Fajolle.

CHAMBRE TOURNELLE.

De Daspe, baron de Fourcès, président.
De Jougla, baron de Paraza, président.

Conseillers.

De Miramont.
De Montégut.
Cassand de Glatens.
Baron de Montbel.
De Carbon.
De Balza de Firmy.
De Lafont Rouis.
De Guillermin, baron de Scisses.
De Segla.

De David.
D'Aussaguel de Lasbordes.
De Mourlens.
De Miégeville.
De Poucharramet.
De Juin de Siran.
De la Réolle.
Le marquis de Pegueirolles.

CHAMBRE DES VACANCES.

Présidents.

De Maniban.

Daspe.

Conseillers-clercs.

L'abbé de Rey.

L'abbé de Cambon.

Conseillers-lais.

De Bardy.

Durègne.

De Cucsac.

De Perez.

De Montégut.

De Firmy.

De Lafont-Rouis.

De Segla.

D'Escalonne.

De Rigaud.

PREMIÈRE CHAMBRE DES ENQUÊTES.

Présidents.

D'Aiguesvives.

De Belloc de Lassarrade.

Conseillers.

De Poulhariès, baron de Sabou-
lies.

De Lalo.

De Rey, abbé de Franquevaux.

Du Bourg de Rochemontels.

De Bonhomme Dupin.

D'Aignan.

De Larroquan.

De Cambon, clerc.

De Rigaud.

De Rochefort.

Palhasse de Salgues, chan.

De Reynal de Saint-Michel.

De Lamote.

De Ginestet.

De Fajole.

Conseiller honoraire.

De Capella.

DEUXIÈME CHAMBRE DES ENQUÊTES.

Présidents.

Daguin.

De Marquier de Fajac.

Conseillers.

Peyrot de Valhausi.

De Reversac de Celès de Marsac.

De Gaillard.

De Raymond de Mauriac.

De Rabaudy.

Belmont de Malcor.

De Caumont.

De Molineri, baron de Murols.

De Poucharramet.

De Juin de Siran.

De Labroue.

De Blanquet de Rouville, vicomte
de Trebons.

De Long.

Savy de Gardeilh.

De Combettes Labourelie.

De Tournier.

De Fajole.

CHAMBRE DES REQUÊTES.

Présidents.

De Cerat   N.....

Conseillers.

De Ribonet.   Lespinasse de Florentin.
De Lacaze, baron de Villiers.   De Buisson d'Aussone.
De Cazes.   De Senaux.
Labrousse de Veyrazet.   De Taïlhasson.
De Trenquelaye de Magnan.   De Guiringaud.
D'Héliot.

Conseillers honoraires.

De Nicolas.   De Villefranche.

Gens du Roi.

De Catellan, marquis de Caumont, avocat général.
De Resseguier, marquis de Miremont, procureur général.
Lecomte, marquis de Latresne, avocat général.

Gens du Roi aux Requêtes.

De Chambal, avocat du roi.
De Fraissines, procureur du roi.

Honoraires.

De Roquier, avocat du roi.
De Lautar, procureur du roi.

Gens du Roi au département des Eaux et forêts.

De Baron.   Perey.
De Latour.   Corail de Sainte-Foi.
De Salasc.   Fronton.
Manent.

Greffiers en la Cour.

De Roubin, Sgr de Longuiès.
Bourdès.
Doat.

Secrétaires du Roi.

De Ducasse, garde des sceaux.
Breschet de Vederines.
Tieux de Lasserre.
De Berel.
De Sacase.
De Vignes.
Jacques de Gounon.
De Lacombe, à Gaillac.
Caussade de Lartigue, à Castel-Sarrazin.
De Cabarrus, à Bordeaux.
De Gounon, honoraire.
Gasc de la Gineste, honoraire.

De Jussi.
De Méry.
Laborde de Martres.
Ottard.
Blancart des Sept-Fontaines.
Lacoste.
Laporte.
Rouquairol.
Ferrant de la Forêt.
Chambert de Jouarre.
Le Duc (Charles-Joseph).
Poitevin.
Wachier de Laise.

Conseillers du Roi rapporteurs-référendaires.

Mascart.
Poirson.
Fornier.
Laporte.
Bonnet.

Dat.
Lespinasse.
Ricard.
Baric.
Dabatia.

BUREAU DES FINANCES DE LA GÉNÉRALITÉ DE TOULOUSE.

Présidents.

De Lasserre, Sgr d'Haumont, premier.
De Desclaux.

Chevalier d'honneur.

De Lafitte de Vergognon.

Trésoriers de France.

Descoffres, doyen.
De Viguier.
Candie de Saint-Simon.
De Valette.
De Boutonier.
D'Olivier.
Duzerre.
De Voisins Lavernière.
De Lanes.
De Holier.
Domezon.
Duilhé.

De Pérignon.
De Pons.
De Bastide.
De Lubet.
Gardez d'Azerac.
Delpech.
Guibert de Capdenac.
Daran.
De Laporte.
Cahours de Fezols.
De Laparre Saint-Sernin.
Delpy d'Olivier.

Trésoriers Vétérans.

De Fornier.
De Cucsac.
De Foulquier.
De Bermond d'Auriac.

Maurel de Lapujade.
De Perez.
Don de Lastours.
Dufour.

Gens du Roi.

De Bazilhac, premier procureur du roi.
De Lamouzié, avocat du roi.

Greffiers en chef.

De Lavedan, Sgr de Sarniguet.
Destarac du Bartas.

SÉNÉCHAL ET PRÉSIDIAL DE TOULOUSE.

De Lartigue, juge-mage, lieut-gé-
néral.
De Berrié, lieut. principal.
Demont, lieut. particulier.

Montané de Laroque, lieut. parti-
culier.
De Ruotte, assesseur du prévôt.
De Sabalos, juge criminel.

Conseillers.

De Bellegarde, écuyer, doyen.
Carles de Lancelot.
Rimailho de Lassale.
De Compayre.
Derrey de Belbèze.
De Perpessac.
De Martin Bergnac.

D'Esparceil.
De Barric.
De Carratié.
De Corail, clerc.
D'Espigat, honoraire.
De Loubeau, honoraire.

Gens du Roi.

De Laporte-Marignac, écuyer, avocat du roi.
De Moysset, écuyer, procureur du roi.
Duroux fils, écuyer, avocat du roi.

(V. pour l'*Etat militaire* de la province en 1789, l'*Armorial de la Noblesse de Languedoc*, t. I, p. 548-549.)

Paris. — Imprimerie de DUBUISSON et Cⁱᵉ, 5, rue Coq-Héron.

CPSIA information can be obtained at www.ICGtesting.com
229502LV00007B/1/P